BEI GRIN MACHT SICH IHR WISSEN BEZAHLT

- Wir veröffentlichen Ihre Hausarbeit,
  Bachelor- und Masterarbeit

- Ihr eigenes eBook und Buch -
  weltweit in allen wichtigen Shops

- Verdienen Sie an jedem Verkauf

Jetzt bei www.GRIN.com hochladen
und kostenlos publizieren

Bibliografische Information der Deutschen Nationalbibliothek:

Die Deutsche Bibliothek verzeichnet diese Publikation in der Deutschen National-
bibliografie; detaillierte bibliografische Daten sind im Internet über http://dnb.d-
nb.de/ abrufbar.

Impressum:

Copyright © 2011 GRIN Verlag, Open Publishing GmbH
Druck und Bindung: Books on Demand GmbH, Norderstedt Germany
ISBN: 978-3-668-20357-0

Dieses Buch bei GRIN:

http://www.grin.com/de/e-book/320985/ubiquitous-computing-innovation-mit-der-
allgegenwaertigkeit-der-informationstechnologie

Mehmet Gencsoy

Ubiquitous Computing. Innovation mit der Allgegenwärtigkeit der Informationstechnologie im Alltag

GRIN Verlag

Mehmet Gencsoy

WIN03 Innovative Themen der Wirtschaftsinformatik

Ubiquitous Computing – Innovation mit der Allgegenwärtigkeit der Informationstechnologie im Alltag

Assignment an der staatlich anerkannten Hochschule Stuttgart der AKAD. Die Privat-Hochschulen.

Altingen, den 09.10.2011

Inhaltsverzeichnis

Abbildungsverzeichnis

Abkürzungsverzeichnis

1.   Einleitung

Angesehene Vertreter der Organisationslehre gingen in den 50er Jahre davon aus, dass Computer niemals eine wichtige Bedeutung für die Betriebswirtschaft erlangen wird.[1] Niemand konnte damals vorausahnen, dass irgendwann in fast jedem Haushalt ein Computer stehen wird und diese sogar miteinander über das Internet vernetzt sind. Computer und Internet gehören mittlerweile zum All-tag.

Mit Smartphones, das aktuellen Trend in diesem Bereich, ist man sogar überall und jederzeit online im Internet. Man kann Nachrichten abrufen, Musik hören, Videos ansehen, per GPS (Global Positioning System) eine Navigation starten oder standortbezogene Dienste nutzen. Ein weiteres Trend sind zurzeit Tablet-PCs. Damit kann man auch im Internet surfen, E-Mails abrufen, Spiele spielen und Bücher lesen, alles bequem auf der Wohnzimmer Couch oder im Schlaf-zimmer Bett. Beide Produktfamilien sind Innovationen der Informationstechno-logie und revolutionieren den Alltag der Menschen.[2]

Mit Ubiquitous Computing will man einen Schritt weiter gehen. Computer sollen allgegenwärtig sein. Sie sollen die Menschen bei alltäglichen Arbeiten unter-stützen und dabei unsichtbar sowie unaufdringlich bleiben. Dieses Assignment hat das Ziel den Begriff Innovation und Ubiquitous Computing näher zu erläu-tern. Dabei sollen folgende Fragen beantwortet werden:

- Was bedeutet Ubiquitous Computing?
- Was bedeutet in diesem Zusammenhang Innovation?
- Welche Einsatzmöglichkeiten des Ubiquitous Computing gibt es bereits?
- Ist Ubiquitous Computing bereits eine Innovation oder bzw. kann es sich zu einer Innovation entwickeln?

---

[1] Vgl. **Diekmann, Thomas,** *Ubiquitous Computing - Technologien im betrieblichen Umfeld,* Göttingen 2007, Seite 1.
[2] Vgl. **Amberg, Michael und Lang, Michael,** *Innovation durch Smartphone & Co.,* Düsseldorf 2011, Seite 153.

Dazu werden im zweiten Kapitel die Begriffe Ubiquitous Computing, Innovation und RFID (Radio Frequency identification) sachlich definiert. Im dritten Kapitel werden die aktuellen Einsatzmöglichkeiten mit Ubiquitous Computing vorge-stellt. Im letzten Kapitel werden Ubiquitous Computing und dessen Einsatzmög-lichkeiten bewertet. Dabei wird auf dessen zukünftige Chancen aber auch Risi-ken eingegangen. Hierbei soll auch die Frage beantwortet werden, ob Ubiquitous Computing eine Innovation ist oder bzw. sich als eine Innovation durchsetzen kann.

2. Grundlagen

2.1. Innovation

In der wissenschaftlichen Forschung, sowie in der Unternehmenspraxis gibt es keine einheitliche Definition für den Begriff Innovation.[3]

Als einer der ersten hat Joseph Alois Schumpeter in seinem 1912 erschienenen Werk „Die Theorie der wirtschaftlichen Entwicklung" den Begriff Innovation defi-niert. Dabei hat er eine klare Abgrenzung zwischen Invention, Innovation und Imitation gezogen.[4]

Dabei wird die Invention als eine notwendige Vorstufe der Innovation definiert. Mit dem Begriff Invention wird heute die Erfindung, die neuartige technische Ausführung einer neuen Problemlösung interpretiert. Die Invention kann dabei entweder geplant oder ungeplant erreicht werden. Bei einer ungeplanten Inven-tion, wobei Erfindungen aufgrund von Zufällen entstehen, spricht man von ei-nem Serendipitäts-Effekt. Erst wenn die Invention auch einen wirtschaftlichen

---

[3] Vgl. **o.V.,** *Gabler Wirtschaftslexikon. In: Gabler.de,*
http://wirtschaftslexikon.gabler.de/Archiv/54588/innovation-v7.html, Abrufdatum: 26.09.2011,
Ausdruckdatum: 26.09.2011.
[4] Vgl. **Strebel, Heinz (Hrsg.) und Perl, Elke,** *Innovations- und Technologiemanagement,* 2.
Auflage, Wien 2007, Seite 20.

Erfolg verspricht und als Produkt oder Dienstleistung in den Wirtschaftskreislauf
eingeführt wird, spricht man von einer Innovation.[5]

Im Gegensatz zu einer Invention ist die Innovation nicht nur auf die Problemlösung mit einer Erfindung fixiert, sondern auch auf den wirtschaftlichen Erfolg
ausgerichtet. Eine Innovation wird damit erst erreicht, wenn die Invention als
Produkt oder Dienstleistung der breiten Masse auf dem Markt zugänglich ge-
macht wird und damit eine entsprechende gewinnbringende Marktdurchdringung erreicht. Mit Abbildung 1 wird der Zusammenhang zwischen Invention und
Innovation verdeutlicht:

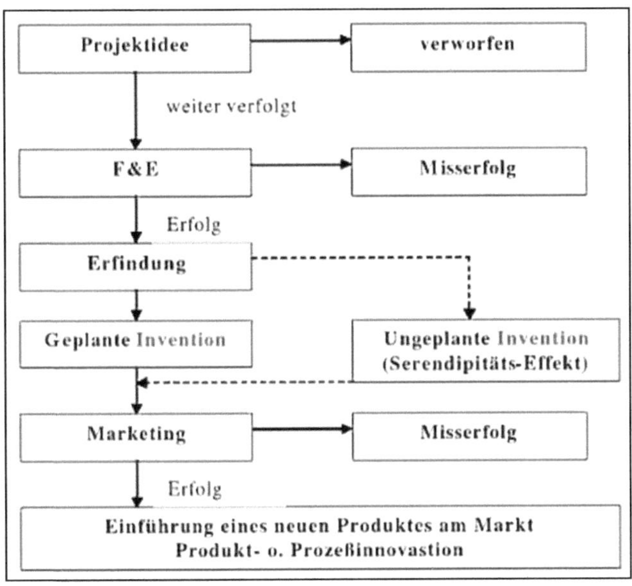

Abbildung 1: Zusammenhang von Invention und Innovation[6]

Im weiteren Sinn wird der Begriff Innovation auch mit dem Prozess der
Markteinführung interpretiert. Dies beinhaltet neben dem Anstoß zur Idee und

---

[5] Vgl. **Brockhoff, Klaus,** *Forschung und Entwicklung: Planung und Kontrolle,* 5., ergänzte
Auflage, Wien 1999, Seite 27 ff.
[6] **Brockhoff,** *Forschung und Entwicklung: Planung und Kontrolle,* a.a.O., Seite 29.

der Forschung und Entwicklung auch die Diffusion sowie die eigentliche Markteinführung. Dieses Assignment befasst sich jedoch nicht mit dem weiten Sinn des Begriffes Innovation.

Innovationen werden nach Schumpeter folgendermaßen definiert:[7]

- Neuheit oder (Er-)Neuerung eines Objekts oder einer Handlungsweise.

- Veränderung bzw. Wechsel durch die Innovation in und durch die Unternehmung.

- Innovation muss entdeckt bzw. erfunden, eingeführt, genutzt, angewandt und institutionalisiert werden.

- Die Innovation wird damit erst mit einer gewissen Marktdurchdringung erreicht.

Letztlich versteht man unter Imitation die Nachahmung. Dabei werden bereits eingeführte Innovationen von anderen Unternehmen oder Organisation ebenfalls eingesetzt. Zeitlich ist damit die Imitation immer nach der Innovation angesiedelt. Auf Anwendungsebene weist die Imitation ähnliche Eigenschaften auf wie die Innovation. Erst auf der Technologieebene kann man die Imitation klar identifizieren und von der Innovation abgrenzen. Hierbei übernimmt die Imitation im Großen und Ganzen die Technologien der Innovation.[8]

Die Abbildung 2 verdeutlicht den Zusammenhang zwischen Invention, Innovation und Imitation genauer. Dabei wird auch die Definition der Innovation im weiteren Sinne veranschaulicht:

---

[7] Vgl. **Schumpeter, Joseph Alois,** *Theorie der wirtschaftlichen Entwicklung*, 9. Auflage, unveränd. Nachdruck d. 1934 ersch. 4. Auflage, Berlin 1997, Seite 100 ff.
[8] Vgl. **Strebel et al.,** *Innovations- und Technologiemanagement*, a.a.O., Seite 22.

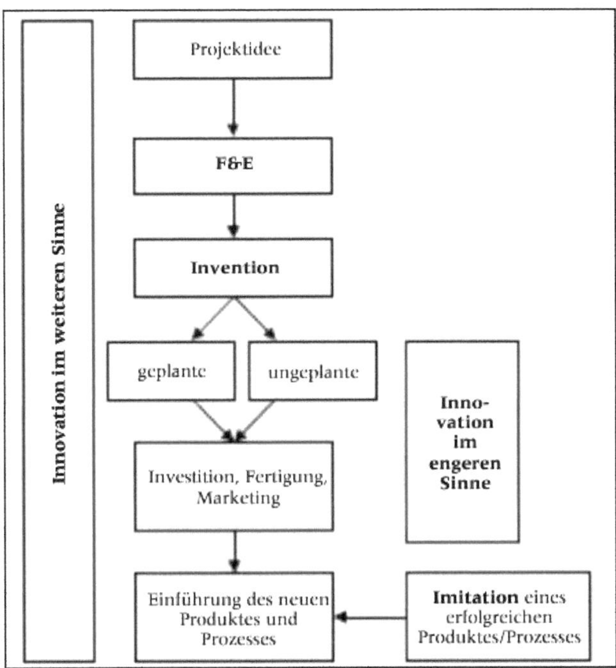

Abbildung 2: Zusammenhang Invention, Innovation und Imitation [9]

2.2. Ubiquitous Computing

Der Begriff Ubiquitous Computing wurde erstmals 1988 von Mark Weiser wäh-
rend seiner Forschungstätigkeit für das PARC (Xerox Palo Alto Research Cen-
ter) verwendet. Hierbei wurde ein Programm gestartet, um die Defizite bei Nut-
zung von Computern zu erforschen. Im Rahmen dieses Programms wurden
neue Ideen entwickelt, die zum Entwurf des Ubiquitous Computing führten.[10]

---

[9] **Strebel et al.,** *Innovations- und Technologiemanagement,* a.a.O., Seite 23.
[10] Vgl. **Greenfiel, Adam,** *Everyware - The dawning age of ubiquitous computing,* Berkeley
2006, Seite 11.

Mark Weiser formulierte diese Ideen zu einer Vision und veröffentlichte es.[11] Der Beitrag von Weiser fand große Beachtung, so dass seither Weiser als der Vater der Vision „Ubiquitous Computing" gilt.

Die Vision von Weiser besteht darin, dass allgegenwärtige Computer, die fast unsichtbar und unaufdringlich sind, den Menschen bei alltäglichen Tätigkeiten unterstützen.[12] In diesem soziotechnischen Ansatz arbeiten Computer teilweise autark und unbemerkt im Hintergrund. Sie werden dabei vom Anwender nicht mehr bewusst wahrgenommen. Der Anwender kann sich damit voll und ganz auf seine Tätigkeit konzentrieren. Eine Interaktion mit der Informationstechnolo-gie ist nicht mehr notwendig. Dadurch wird der Anwender bei der Bedienung der Informationstechnologie nicht abgelenkt und kann selber entscheiden, wel-che Informationen aufgenommen werden sollen.[13]

Um Ubiquitous Computing in der Evolution der Informationstechnologie einord-nen zu können, kann man die Entwicklung der Informationstechnologie anhand des Verhältnisses von Maschine und Mensch folgendermaßen aufzählen:[14]

- Mainframe – Ära (1 Großrechner : Mehrere Anwender)
- Personal Computer – Ära (1 Rechner : 1 Anwender)
- Ubiquitous Computing – Ära (Mehrere Rechner : 1 Anwender)

Die Ubiquitous Computing – Ära ist dadurch bestimmt, dass ein Anwender von einer großen Menge von Prozessoren, Speichern, Sensoren und entsprechen-den Energiequellen umgeben ist. Wobei die Objekte allgegenwärtig und zu-gleich intelligent sind. Die Technik ist dabei in Alltagsgegenstände, wie Beklei-dung, Kühlschränke, Autos oder Kinderspielzeug eingebettet. Aber auch die In-

---

[11] Vgl. **Weiser, Mark,** *The Computer for the 21st Century. In: Scientific American, Vol. 265, No. 3, S. 66-75, 2001,* Seite 66 ff.

[12] Vgl. **Mattern, Friedemann,** *Total vernetzt: Szenarien einer informatisierten Welt,* Berlin 2003, 1.

[13] Vgl. **Weiser, Mark und Brown, John,** *The Coming Age of Calm Technology. In: Working Paper Xerox PARC.,* 1996, Seite 7 ff.

[14] Vgl. **Gilberg, Jörg,** *Technische Ausgestaltung und wirtschaftliche Beurteilung des überbetrieblichen RFID-Einsatzes,* Regensburg 2009, Seite 32.

tegration der Technik in die Umgebung ist möglich, wie zum Beispiel in eine Brücke, ein Haus oder in die Straße. Diese intelligente Omnipräsenz ermöglicht das Verschmelzen der Informationstechnologie mit physischen Objekten. Damit kann auch die Informationsverarbeitung sofort an Ort und Stelle stattfinden, oh-ne eine Zeitverzögerung hinnehmen zu müssen. Die ubiquitäre Informations-technologie unterstützt die Anwender unmittelbar und aktiv oder passiv. Meis-tens jedoch ohne dass die Anwender darüber bewusst werden. Hiermit gewinnt auch die Erreichbarkeit von Personen und Objekten eine neue Bedeutung.[15]

Aufgrund den neuen Möglichkeiten und Entwicklungschancen wird Ubiquitous Computing, vom Marktforschungsunternehmen Gartner Inc., als einer der Top 10 zukunftsträchtigen und erfolgsversprechenden Technologien für Unterneh-men eingeschätzt.[16]

2.3. RFID (Radio Frequency Identification)

RFID ist einer der Basistechnologien, welche für die Entwicklung von Ubiquitous Computing benötigt wird. Deswegen wird die RFID-Technologie in diesem Abschnitt kurz vorgestellt.

Die RFID-Technologie ist keine neue Technologie. Es ist eine Weiterentwick-lung von Radiowellen, welche zur Ortung von Flugzeugen benutzt wird. Die ers-ten Einsätze fanden gegen Ende des zweiten Weltkrieges statt. Dabei hat die amerikanische Armee ihre Flugzeuge mit Transponder ausgestattet, damit man auf dem Radar feindliche und eigene Flugzeuge besser unterscheiden konnte.[17] Die Transponder-Technologie zielt auf die Übertragung von Daten ab, genauso wie die Barcode-Technologie. Der Datenaustausch findet hierbei jedoch berüh-rungslos über die Luft statt. Das RFID-System besteht dabei aus einem Lese-

---

[15] Vgl. **Britzelmaier, Bernd und Geberl, Stephan und Weinmann, Siegfried,** *Der Mensch im Netz - Ubiquitous Computing*, Wiesbaden 2002, Seite 27 ff.
[16] Vgl. **Pettey, Christy,** *Gartner Identifies the Top 10 Strategic Technologies for 2011. In: Gartner Inc. Webseite, http://www.gartner.com/it/page.jsp?id=1454221, Abrufdatum: 27.09.2011, Ausdruckdatum: 27.09.2011.*
[17] Vgl. **Franke, Werner (Hrsg.) und Dangelmaier, Wilhelm (Hrsg.) und Sprenger, Christian und Wecker, Frank,** *RFID - Leitfaden für die Logistik*, Wiesbaden 2006, Seite 10.

gerät, einer Antenne und dem Transponder. Der Transponder ist somit der Da-
tenträger worauf sich die Daten befinden. Die folgende Abbildung stellt ein
RFID-System mit dessen Grundbestandteilen übersichtlich dar:

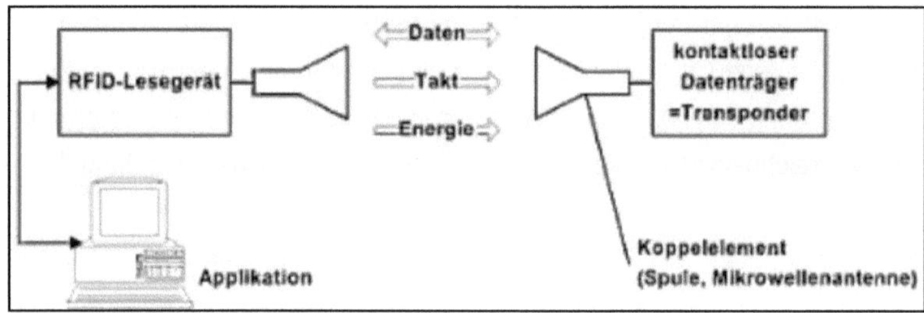

Abbildung 3: Grundbestandteile eines RFID-Systems[18]

Der Transponder besteht dabei aus eine Koppelelement und einem Mikrochip.
Auf dem Markt befinden sich zurzeit passive und aktive Transponder. Bei einem
passiven Transponder ist der Transponder außerhalb des Wirkungsbereiches
eines Lesegerätes vollständig inaktiv. Hierbei besitzt der Transponder keine eigene Stromversorgung und wird erst vom Lesegerät aktiviert sowie mit Energie
versorgt. Im Gegensatz besitzt der aktive Transponder eine eigene Stromversorgung (meist Batterie), womit sich auch höhere Reichweiten erreichen lassen.
Dies ist aber auch mit höheren Kosten verbunden. Die nachfolgende Tabelle
stellt die Eigenschaften von aktiven und passiven Transpondern gegenüber:

---

[18] **Finkenzeller, Klaus,** *RFID Handbuch*, 5. Auflage, München 2008, Seite 7.

Aktiver Transponder	Passiver Transponder
Batteriebetrieben	Keine interne Stromversorgung, Stromversorgung durch elektromagnetisches Signal des Lesers
Großes „Gerät"	Kleines „Gerät"
Empfindlich gegenüber besonders hohen und tiefen Temperaturen	Übersteht extreme Bedingungen
Beschränkte Lebensdauer	Sehr lange Lebensdauer
Teuer (US$20 bis $50)	Günstig (< US$1)
Lesen und Schreiben	Nur Lesender Zugriff
Lesen über weite Entfernungen	Geringe Leseentfernung (<3m)
	Starke Lesegeräte erforderlich

Tabelle 1: Vergleich aktive und passive Transponder[19]

Aufgrund der hohen Kostenvorteile werden zurzeit ausschließlich passive Transponder eingesetzt. Trotz der enormen Einsparpotentiale, durch zum Beispiel schnellere Prozesse, konnte sich die Transpondertechnologie in der Betriebswirtschaft noch nicht durchsetzen. Lediglich 3% aller Unternehmen der 27 EU (Europäische Union) Staaten setzten im Jahre 2009 RFID ein. Bei großen Unternehmen wird vermehrt auf RFID gesetzt. Hierbei setzen bereits 15% der Unternehmen auf die Transpondertechnologie. Bei kleineren Unternehmen setzen jedoch lediglich nur 2% RFID ein. Als einer der Hauptgründe wird hierbei die hohen Investitionskosten aufgezählt.[20] Die folgende Grafik stellt das Ergebnis der eurostat (Statistische Amt der Europäischen Union)-Untersuchung dar:

---

[19] Vgl. **o.V.**, *Passive und aktive Transponder in komplexen industriellen Anwendungen. In: rfid-ready.de, 26.02.2009, http://www.rfid-ready.de/200902261474/passive-und-aktive-transponder-in-komplexen-industriellen-anwendungen.html*, Abrufdatum: 02.10.2011, Ausdruckdatum: 02.10.2011.
[20] Vgl. **o.V.**, *Information society statistics 2009. In: eurostat.eu, September 2010, http://epp.eurostat.ec.europa.eu/statistics_explained/index.php/Information_society_statistics*, Abrufdatum: 01.10.2011, Ausdruckdatum: 01.10.2011.

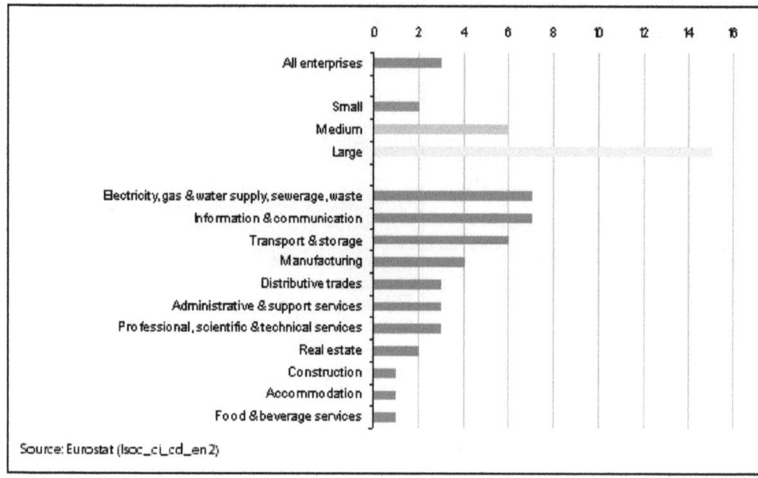

Abbildung 4: Eurostat, Information society statistics RFID 2009[21]

3. Ubiquitous Computing – Einsatzmöglichkeiten

3.1. Einleitung

Die Einsatzmöglichkeiten von Ubiquitous Computing sind sehr vielfältig. Eine genaue und vollständige Ausführung aller Einsatzmöglichkeiten würde jedoch den Rahmen dieses Assignments weit sprengen. Deshalb beschränken wir dieses Assignment mit der Vorstellung der folgenden drei Einsatzmöglichkeiten von Ubiquitous Computing:

- Automatische Produktidentifikation im Einzelhandel
- Smart Living
- Smart Grid

---

[21] **o.V.,** *Information society statistics 2009. In: eurostat.eu, September 2010,*
http://epp.eurostat.ec.europa.eu/statistics_explained/index.php/Information_society_statistics,
Abrufdatum: 01.10.2011, Ausdruckdatum: 01.10.2011.

Auch das Bundesministerium für Bildung und Forschung hat die besondere Bedeutung von Ubiquitous Computing erkannt und hat im Jahre 2005 eine Studie
an das ULD (Unabhängiges Landeszentrum für Datenschutz Schleswig-
Holstein) und HU (Institut für Wirtschaftsinformatik der Humboldt-Universität zu
Berlin) in Auftrag gegeben. Das daraus entstandene Projekt TAUCIS (Technikfolgenabschätzung Ubiquitäres Computing und Informationelle Selbstbestimmung) stellt die Auswirkungen von Ubiquitous Computing umfangreich und de-
tailliert dar. Die folgende Auflistung stellt, in Anlehnung an das TAUCIS Projekt,
einen kurzen Überblick über die Einsatzmöglichkeiten von Ubiquitous Computing vor: [22]

- Fahrzeugkontrollsysteme
- Das intelligente Haus (Smart Living)
- Medizinische Anwendungen (Kennzeichnung von Medikamenten, Erkennen
  von Kontraindikationen, usw.)
- Warenwirtschaft und Logistik (Einsatz von RFID, Verbesserter Schutz vor
  Schwund, Bessere Lieferprozesse, usw.)
- Nahrungsmittel und Tierhaltung (Rückverfolgbarkeit von Nahrungsmittel,
  Frischegrad, Kennzeichnung von Tieren, usw.)
- Dokumentensicherheit (Pässe, Geldscheine, usw.)
- Ticketing (Großveranstaltungen, Identifikation von Personen, usw.)
- Bildung und Ausbildung (Adaptive Lernsysteme, Open Content, usw.)
- Arbeitswelt (Bildschirmarbeitsplätze, weitere Vernetzung, usw.)
- Reisen, Freizeit und Erholung (Zurechtfinden in unbekannter Umgebung,
  Lokalisierungsdienste wie GPS mit weiterführenden Informationen, usw.)
- Militärische Anwendungen
- Wearable Computing
- Smart Grid

---

[22] Vgl. **Bizer, Johann und Spiekermann, Sarah und Günther, Oliver,** *Studie TAUCIS -
Technikfolgenabschätzung Ubiquitäres Computing und Informationelle Selbstbestimmung,* Kiel
2006, Seite 45 ff.

3.2. Automatische Produktidentifikation im Einzelhandel

Der Einzelhandel steht, aufgrund des hohen Wettbewerbes, permanent unter Kostendruck. Die Gewinnmargen erreichen lediglich den unteren einstelligen Prozentbereich. Mit neuen Technologien wird in den letzten Jahres verstärkt versucht die Kosten weiter zu senken und die Prozesse weiter zu optimieren.[23]

Im Bereich Supply Chain Management sind noch große Kosteneinsparpotentiale vorhanden. Genau in diesem Bereich setzt auch die RFID-Technik an. Dabei sollen mit RFID-Chips die Produkte eindeutig identifiziert werden. Es soll jederzeit ermöglicht werden, den genauen Hersteller der Produkte und dessen einzelne Stationen entlang der Lieferkette festzustellen. Damit soll die Lieferkette optimiert und unnötige Lieferzeiten oder Überproduktion vermieden werden.

Als einen weiteren Vorteil kann man die mögliche Automatisierung der Verkaufsvorgänge nennen. Hierbei müssen die Produkte nicht einzeln von einem Verkaufspersonal gescannt werden. An der Kasse kann man den Inhalt vom Einkaufswagen komplett automatisiert ermitteln. Somit kann man beim Einsatz der RFID-Technik sogar auf den Einsatz von Verkaufspersonal verzichten. Außerdem bietet die Technik einen Komfortvorteil und erhebliche Zeitersparnisse für die Kunden. Die Kunden müssen den Einkaufswagen an der Kasse nicht aus- und später wieder einladen und das Schlange stehen ist nicht mehr notwendig.

Ein weiterer hoher Kostenfaktor sind die Aufwände für die Inventur, die im Einzelhandel, fast täglich durchgeführt werden. Dementsprechend werden nämlich auch die Regale wieder aufgefüllt. Die RFID-Technik ermöglicht dabei eine schnelle Inventur der Bestände. Die Produkte müssen nicht einzeln und manuell gescannt werden, wie bei einem Barcode, sondern können jederzeit und automatisiert über RFID-Lesegeräte gezählt und ausgewertet werden.

---

[23] Vgl. **Mattern, Friedemann (Hrsg.) und Fleisch, Elgar,** *Das Internet der Dinge - Ubiquitous Computing und RFID in der Praxis*, Berlin 2005, Seite 225.

Insgesamt bietet die automatische Produktidentifikation im Einzelhandel folgende Vorteile: [24]

- Schnelle Inventur

- Diebstahlsicherung / Vermeidung von Schwund

- Unverkäufliche Produkte erkennen und vermeiden (Mindesthaltbarkeitsda-
tum)

- Automatisierter Verkaufsvorgang

- Rückverfolgbarkeit von Produkten

- Optimierung der Lieferkette

- Optimierung Lagerbestand

Trotz der oben erwähnten Vorteile, wird die RFID-Technologie auf Produktebe-
ne von keinem Einzelhandelsunternehmen in Europa eingesetzt. Hierbei sind
die Kosten mit 0,05 USD pro RFID-Tag zu teuer. Die einmaligen Investitionen in
RFID-Lesegeräte sind zu hoch. Des Weiteren herrschen in Europa, vor allem in
Deutschland, erhebliche Bedenken in Bezug auf Datenschutzrechte. Hierbei be-
fürchten die Einzelhandelsunternehmen nach Einführung der RFID-Technologie
juristische Klagen. In den USA finden bereits erste Einführungen statt. Vorreiter
in diesem Bereich sind die Unternehmen Gilette, Philips, Wal-Mart und Tesco.
Auf Karton- oder Palettenebene spielen die Kosten für den RFID-Tag keine Rolle. Hier wird die RFID-Technologie für die Optimierung der Lieferkette bereits
weit verbreitet und intensiv eingesetzt. [25]

3.3. Smart Living

Unter Smart Living versteht man ein Haus oder eine Wohnung mit intelligent
vernetzten Gegenständen. Ziel der Vernetzung ist die Steigerung der Effizienz
im Bereich Haushaltssteuerung, Sicherheit, Kommunikation, Pflege und Energie. Dabei sollen zum Beispiel bestimmte Haushaltsgeräte keinen Strom mehr
verbrauchen, wenn niemand mehr im Haus ist. Wichtig ist in diesem Zusam-

---

[24] Vgl. **Mattern et al.,** *Internet der Dinge,* a.a.O., Seite 227 ff.
[25] Vgl. Ebd., Seite 242 ff.

menhang auch die intelligente Steuerung von Energie Anwendungen. Dabei
sollen regenerative Energien, wie eine Photovoltaik-Anlage oder Wärmepumpe
eingesetzt werden. Ziel dabei ist das komplett emissionsfreie Haus.[26]

Bei Smart Living spielt die RFID-Technologie keine Rolle. Wichtig ist die Vernetzung und Verkabelung der physischen Objekte im Haus sowie dessen Steuerung. Die folgende Abbildung stellt die notwendige Vernetzung mit den „smarten" Gegenständen im Haus dar:

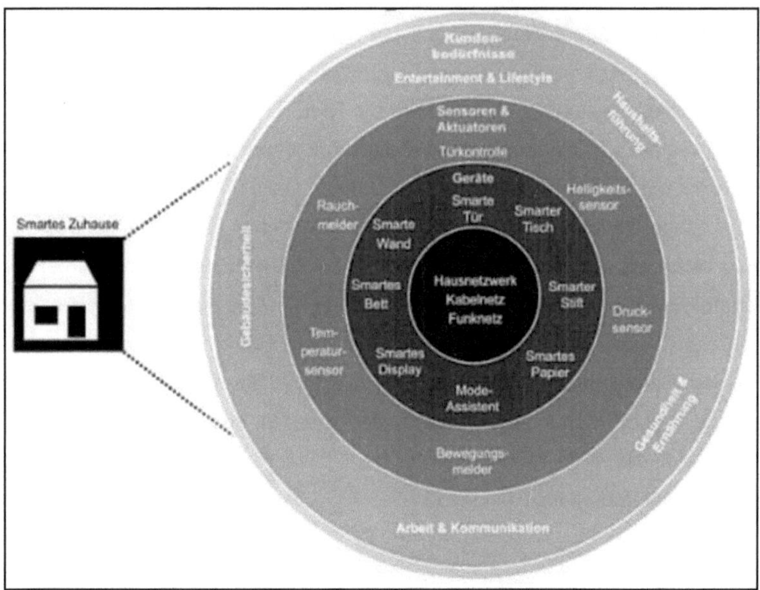

Abbildung 5: Vernetzung einer smarten Umgebung - das smarte Zuhause[27]

---

[26] Vgl. **Servatius, Hans-Gerd (Hrsg.) und Schneidewind, Uwe (Hrsg.) und Rohlfing, Dirk
(Hrsg.), Kolks, Uwe,** *Smart Energy - Wandel zu einem nachhaltigen Energiesystem*, Berlin
2012, 94 ff.
[27] **Laudon, Kenneth und Laudon, Jane und Schoder, Detlef,** *Wirtschaftsinformatik - Eine
Einführung*, 2., aktualisierte Auflage, München 2010, Seite 267.

Die Möglichkeiten beim Smart Living sind dabei sehr vielfältig. Im nachfolgen-
den Abschnitt werden einige dieser Möglichkeiten aufgelistet:[28]

- Das System prüft Fenster und Türen und verrät, was offen steht
- Elektronik ermittelt den Warmwasserbedarf und schaltet den Brenner ein
- Jalousien lassen sich einzeln oder in Gruppen steuern
- Eine Fernabfrage verrät auch am Urlaubsstrand, ob Herd oder Bügeleisen abgeschaltet wurden und schaltet die Geräte bei Bedarf auch aus
- Ein Sensor ermittelt die Windstärke und fährt Markisen oder Jalousien ein
- Außentemperatur, Luftfeuchte und Helligkeit wird gemessen und gegebe-
nenfalls Heizung oder Licht an- oder ausgeschaltet
- Regenfühler melden Regen und schließen die Dachfenster
- Mit einer Anwesenheitssimulation wird Einbrechern ein bewohntes Haus vorgegaukelt. Rollladen auf/zu, Licht an/aus, Markisen rauf/runter
- Individuelle Temperaturprofile für jeden Raum und für jede Tageszeit (z.B. Bad wird morgens vorgeheizt, Schlafzimmer wird abends runter geregelt)
- Die Beleuchtung wird automatisch und zeitabhängig gesteuert.
- Per Knopfdruck lässt sich eine bestimmte Lichtstimmung erzeugen.
- Zu- und Abluft der Lüftungsanlage wird automatisch geregelt.
- Nach langer Reise lässt sich die Heizung per Telefon einschalten für einen warmen Empfang.
- Mit dem System lässt sich das Garagentor und die Wegebeleuchtung steu-
ern
- Die Gartenbewässerung kann gesteuert werden
- Störungen werden gemeldet und angezeigt
- Der Kundendienst findet den Defekt in der Waschmaschine mittels Ferndi-
agnose
- Beim Verlassen des Hauses werden die Temperaturen in allen Räumen ab-
gesenkt und verschiedene Stromverbraucher einfach abgeschaltet

---

[28] Vgl. **o.V.**, *EIB - das intelligente Haus der Zukunft. In: baumarkt.de,*
http://www.baumarkt.de/EIB-das-intelligente-Haus-der-Zukunft.html, Abrufdatum: 03.10.2011,
Ausdruckdatum: 03.10.2011.

- Beim Öffnen eines Fenster senkt sich die Temperatur des Heizkörpers
- Bei Einbruchversuch wird eine Abschreckungsbeleuchtung und/oder eine Si-
  rene ausgelöst, telefonisch wird ein Notruf abgesetzt und der Sicherheits-
  dienst verständigt

Die Auflistung der Möglichkeiten kann noch weiter fortgeführt werden und besitzt nicht den Anspruch auf Vollständigkeit. Diese Auflistung verdeutlicht
schnell den hohen Innovationspotential vom Smart Living. Jedoch hat sich
Smart Living noch nicht auf dem europäischen Markt durchgesetzt.[29] Das
„Smart Home" ist zu teuer. Komfortvorteile sind nicht Anreiz genug um die not-
wendigen hohen Investitionen bei einem Neubau zu tätigen. Die Kostenvorteile,
wie zum Beispiel die Senkung der Stromkosten, sind auch nicht ausreichend,
um die hohen Investitionen zu gerecht fertigen. Das Vernetzen von Altbauten ist
dabei vom vorherein viel zu aufwendig und nicht rentabel. Deshalb findet die
Marktdurchdringung in diesem Bereich sehr langsam statt. Nur bei Neubauten,
wo finanzieller Spielraum herrscht, wird eine Vernetzung vorangetrieben.

3.4. Smart Grid

Das Smart Grid geht einen Schritt weiter als das Smart Living und bezieht sich
auf die komplette Energie-Infrastruktur. Das Smart Grid soll alle Energielieferanten und Energiekonsumenten energetisch und vor allem kommunikationstech-
nisch miteinander verbinden. Smart Grids sollen dabei die Erzeugung und Last
von Energienetzen anhand Preissignale harmonisieren.[30] Das Problem, dass
der Zeitpunkt der Energieerzeugung bei regenerativen Energien, wie die Wind-
energie und Sonnenenergie, nicht gesteuert werden kann, soll durch gezielte
Änderung des Energieverbrauchszeitpunktes behoben werden. Das Speichern
von Energie ist zu aufwendig und teuer. Deswegen werden neben den Preis-
signalen auch intelligente Geräte benötigt.

---

[29] Vgl. **Servatius et al.,** *Smart Energy, a.a.O., Seite 96 ff.*
[30] Vgl. Ebd., Seite 289.

Die Entscheidung die Atomkraftwerke in Deutschland bis 2022 abzuschalten, welche aufgrund der Nuklearkatastrophe in Japan im Jahre 2011 getätigt wurde, führt dazu, dass das Smart Grid an Bedeutung gewinnt. Diverse Forschungs- und Entwicklungsarbeiten beschäftigen sich zurzeit intensiv mit Smart Grids. Die folgende Abbildung stellt den Aufbau von Smart Grids übersichtlich dar:

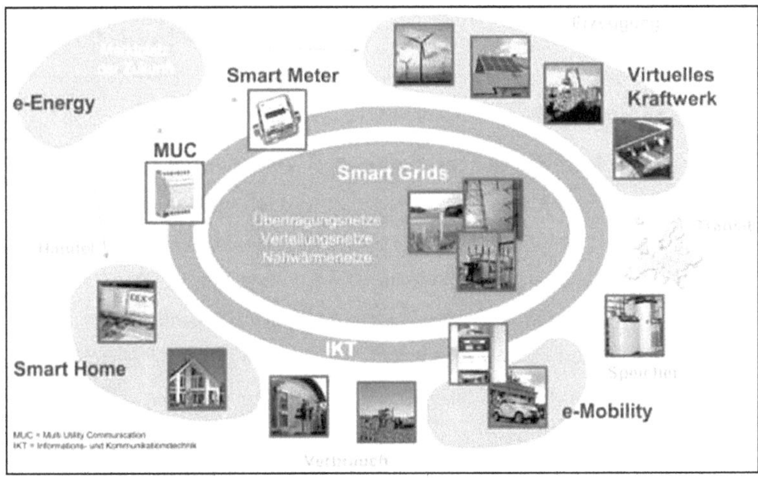

Abbildung 6: Aufbau von Smart Grids[31]

Die Smart Grids weisen dabei folgende Eigenschaften auf: [32]

- Konvergenz von Strom, Gas und Wärme

- Kontinuierliche Messung von Erzeugung und Verbrauch entlang der gesamten Netzstränge

- Multidirektionale Kommunikation (Erzeuger informieren Verbraucher über Erzeugung in der Zukunft, Verbraucher informieren Erzeuger über Bedarf in der Zukunft)

- Konvergenz von Netz- und Kommunikationsinfrastrukturen

---

[31] **Servatius et al.,** *Smart Energy, a.a.O., Seite 290.*
[32] Vgl. Ebd., Seite 290 ff.

- Hohe Flexibilität und hoher Automatisierungsgrad an sich ändernde Netzzu-
  stände und Auslastungen

Zurzeit sind keine Smart Grids in Deutschland vorhanden.[33] Der Ausbau der Netze wird aber Schritt für Schritt vorangetrieben. Vor allem die Vernetzung der Netze ist nur möglich, wenn ausreichend „Smart Homes" existieren. Damit ist die Entwicklung der Smart Grids mit der Entwicklung von Smart Homes verbunden.

## 4.	Kritische Würdigung

Die Vision von Mark Weiser ist sehr spannend. Die Vorstellung, dass das Leben in allen Situationen von Computern unterstützt wird ist greifbar nahe. Eine Vor-reiterrolle spielt hier längst das Auto. Moderne Autos sind bereits mit sehr vielen kleinen Computern ausgestattet, die beim Fahren unterstützen. Dabei wird zum Beispiel bei einer Vollbremsung der Bremsweg vom ABS (Antiblockiersystem) verkürzt. Bei zu starker Geschwindigkeit in einer Kurve, wird die Geschwindig-keit entsprechend vom ESP (elektronisches Stabilitätsprogramm) verringert Bei Regen wird der Scheibenwischer vom Regensensor gesteuert. Genauso geht auch das Licht automatisch an, weil der Lichtsensor die Dunkelheit erkennt. Dabei werden die kleinen Assistenten wie ABS, ESP und diverse Sensoren so in das Objekt Auto integriert, so dass der Mensch es fast gar nicht mehr be-wusst wahrnimmt. Schafft man es nun diese Integration der Mini-Computer auf alle Bereiche des Lebens zu strecken, dann wird auch die Vision von Weiser Wirklichkeit. Ubiquitous Computing wird zu einer Innovation.

Ubiquitous Computing hat aber in den vorgestellten Einsatzbereichen noch kei-ne ausreichende Marktdurchdringung erreicht. RFID wird nur von 3 % aller Un-ternehmen der EU eingesetzt. Im europäischen Einzelhandel hat noch kein ein-ziges Unternehmen komplett auf RFID umgestellt. Das „Smart Home" wird zu selten gebaut. Die Smart Grids werden erst Schritt für Schritt umgestellt und

---

[33] Vgl. **Servatius et al.,** *Smart Energy, a.a.O., Seite 291 ff.*

benötigen das „Smarte Home". Deswegen bleibt Ubiquitous Computing noch auf der Stufe der Invention.

Ausreichende Technologien, wie die RFID-Technologie oder aber auch Netzwerktechnologien, für die Diffusion von Ubiquitous Computing sind vorhanden. Jedoch hindern drei Aspekte die Diffusion von Ubiquitous Computing: Hohe einmalig notwendige Investitionen, Datenschutz und Datensicherheit.

Die hohen Investitionskosten entstehen zum Beispiel bei der Einführung von RFID-Systemen für RFID Lesegeräte und Infrastruktur. Bei einem „Smart Home" entstehen ebenfalls sehr hohe Kosten für die Verkabelung der einzelnen Objekte im Haushalt.

Im Bereich Datenschutz werden seitens der Unternehmen juristische Auseinandersetzungen befürchtet. Hierbei können nämlich anhand RFID Tags das Nutzungsverhalten der Kunden unbemerkt ermittelt werden. Über GPS kann man sogar den Aktionsradius der eigenen Produkte ermitteln. Hierbei gibt es diverse Ansatzmöglichkeiten.

Im Bezug auf Datensicherheit wird Ubiquitous Computing skeptisch betrachtet. Hierbei können zum Beispiel bei einem „Smart Home", durch den Einbruch in das Hausnetzwerk, die Bewohner ausspioniert und ein Einbruch leichter vollzogen werden. Bei einem Smart Grid könnten sich Hacker in das entsprechende Netzwerk hacken und Stromleitungen von ganzen Ländern ausschalten. Dies ermöglicht sogar einen Terroranschlag direkt über das Internet. Aber auch die RFID Technologie kann dazu führen, dass ganze Preis- und Produktportfolio von Unternehmen „unerwünscht" ausspioniert werden.

Ferner gibt es auch gesundheitliche Bedenken bezüglich der verursachten elektronischen Strahlung durch Ubiquitous Computing. Hierbei sind die Auswirkungen von Strahlungen durch ubiquitäre Geräte noch nicht ausreichend erforscht.

Trotzdem schreitet die Entwicklung von Ubiquitous Computing voran. Immer mehr Unternehmen machen sich Gedanken über den Einsatz von RFID. Größere Unternehmen, wo die einmaligen Investitionen leichter getragen werden können, setzen vermehrt auf die RFID Technologie. In Bezug auf Smart Living und Smart Grid muss die Bauindustrie sowie Energielieferanten noch weitere vor allem günstige Einsatzmöglichkeiten entwickeln.

Erst wenn die eingesetzten Technologien und Produkte günstiger werden und es eine bessere sowie einheitliche Regelung zwecks Datensicherheit und Datenschutz getroffen wird, wird Ubiquitous Computing die gewünschte Marktdurchdringung und damit Innovationsgrad erreichen.

Literaturverzeichnis

Amberg, Michael und Lang, Michael:
Innovation durch Smartphone & Co., Düsseldorf 2011.

Bizer, Johann und Spiekermann, Sarah und Günther, Oliver:
Studie TAUCIS - Technikfolgenabschätzung Ubiquitäres Computing und Informationelle Selbstbestimmung, Kiel 2006.

Britzelmaier, Bernd und Geberl, Stephan und Weinmann, Siegfried:
Der Mensch im Netz - Ubiquitous Computing, Wiesbaden 2002.

Brockhoff, Klaus:
Forschung und Entwicklung: Planung und Kontrolle, 5., ergänzte Auflage, Wien 1999.

Diekmann, Thomas:
Ubiquitous Computing - Technologien im betrieblichen Umfeld, Göttingen 2007.

Finkenzeller, Klaus:
RFID Handbuch, 5. Auflage, München 2008.

Franke, Werner (Hrsg.) und Dangelmaier, Wilhelm (Hrsg.) und Sprenger, Christian und Wecker, Frank:
RFID - Leitfaden für die Logistik, Wiesbaden 2006.

Gilberg, Jörg:
Technische Ausgestaltung und wirtschaftliche Beurteilung des überbetrieblichen RFID-Einsatzes, Regensburg 2009.

Greenfiel, Adam:
Everyware - The dawning age of ubiquitous computing, Berkeley 2006.

Laudon, Kenneth und Laudon, Jane und Schoder, Detlef:
Wirtschaftsinformatik - Eine Einführung, 2., aktualisierte Auflage, München 2010.

Mattern, Friedemann:
Total vernetzt: Szenarien einer informatisierten Welt, Berlin 2003.

Mattern, Friedemann (Hrsg.) und Fleisch, Elgar:
Das Internet der Dinge - Ubiquitous Computing und RFID in der Praxis, Berlin 2005.

Schumpeter, Joseph Alois:
Theorie der wirtschaftlichen Entwicklung, 9. Auflage, unveränd. Nachdruck d. 1934 ersch. 4. Auflage, Berlin 1997.

Servatius, Hans-Gerd (Hrsg.) und Schneidewind, Uwe (Hrsg.) und Rohlfing, Dirk (Hrsg.), Kolks, Uwe:
Smart Energy - Wandel zu einem nachhaltigen Energiesystem, Berlin 2012.

Strebel, Heinz (Hrsg.) und Perl, Elke:
Innovations- und Technologiemanagement, 2. Auflage, Wien 2007.

Weiser, Mark:
The Computer for the 21st Century. In: Scientific American, Vol. 265, No. 3, S. 66-75, 2001.

Weiser, Mark und Brown, John:
The Coming Age of Calm Technology. In: Working Paper Xerox PARC., 1996.
Online-Quellen

o.V.:

*Gabler Wirtschaftslexikon. In: Gabler.de,
http://wirtschaftslexikon.gabler.de/Archiv/54588/innovation-v7.html, Abrufdatum:
26.09.2011, Ausdruckdatum: 26.09.2011.*

o.V.:

*Passive und aktive Transponder in komplexen industriellen Anwendungen. In:
rfid-ready.de, 26.02.2009, http://www.rfid-ready.de/200902261474/passive-und-
aktive-transponder-in-komplexen-industriellen-anwendungen.html,* Abrufdatum:
02.10.2011, Ausdruckdatum: 02.10.2011.

o.V.:

*Information society statistics 2009. In: eurostat.eu, September 2010,
http://epp.eurostat.ec.europa.eu/statistics_explained/index.php/Information_soci
ety_statistics,* Abrufdatum: 01.10.2011, Ausdruckdatum: 01.10.2011.

o.V.:

*EIB - das intelligente Haus der Zukunft. In: baumarkt.de,
http://www.baumarkt.de/EIB-das-intelligente-Haus-der-Zukunft.html,*
Abrufdatum: 03.10.2011, Ausdruckdatum: 03.10.2011.

Pettey, Christy:

*Gartner Identifies the Top 10 Strategic Technologies for 2011. In: Gartner Inc.
Webseite, http://www.gartner.com/it/page.jsp?id=1454221, Abrufdatum:
27.09.2011, Ausdruckdatum: 27.09.2011.*